Matthias Fiedler

Innovatív ingatlankeresés ötlete: Ingatlanügynökség könnyedén

Ingatlankeresés: A hatékony, egyszerű és professzionális ingatlanügynökség egy innovatív ingatlanportálon keresztül

Impresszum

1. nyomtatott kiadás | 2017. február
(Eredetileg kiadva Németországban, 2016. december)

© 2016 Matthias Fiedler

Matthias Fiedler
Erika-von-Brockdorff-Str. 19
41352 Korschenbroich
Deutschland
www.matthiasfiedler.net

Gyártás és nyomtatás:
Lásd az impresszumot az utolsó oldalon

Borítóterv: Matthias Fiedler
e-könyvet létrehozta: Matthias Fiedler

ISBN-13 (puha borító): 978-3-947082-39-1
ISBN-13 (e-könyv mobi): 978-3-947082-40-7
ISBN-13 (e-könyv epub): 978-3-947082-41-4

A Deutsche Nationalbibliothek könyvtári információi:
A Deutsche Nationalbibliothek ezt a kiadványt a Deutsche Nationalbibliografie alatt tárolja; a részletes könyvtári adatok elérhetők az Interneten a http://dnb.d-nb.de címen.

TARTALOMJEGYZÉK

Ebben a könyvben egy forradalmi globális ingatlankereső portál (alkalmazás) ötletét írják le, amelynek értékesítési potenciálja hatalmas (több milliárd euró), és amelyet egy ingatlanszoftverbe integráltak, ami tartalmaz egy ingatlanbecslő funkciót is (több trillió eurós potenciális forgalommal).

Ez azt jelenti, hogy a használt és kiadó magán- és üzleti ingatlanokat hatékonyan és időtakarékosan lehet közzétenni. Ez a jövője az innovatív és professzionális ingatlanközvetítésnek minden ingatlanügynökség ingatlantulajdonos számára. Az ingatlankeresés szinte minden országban és országok között működik.

Ahelyett, hogy „elvinnék" az ingatlanokat a vevőhöz vagy bérlőhöz, az ingatlanokat minősítik (keresési profil) az ingatlankereső portálon és összekapcsolják az ingatlanügynök ingatlanaival.

TARTALOMJEGYZÉK

ELŐSZÓ

2011-ben álmodtam meg és fejlesztettem ki az ingatlankeresésnek ezt a koncepcióját.

1998 óta vagyok aktív az ingatlanpiacon (beleértve az ingatlanokat, vásárlást és értékesítést, értékbecslést, bérbeadást és ingatlanfejlesztést). Ingatlanszakértő (IHK), ingatlanközgazdász (ADI) és ingatlan értékbecslő (DEKRA) vagyok, ahogyan tagja vagyok a nemzetközileg elismert Royal Institution of Chartered Surveyors (MRICS - Hitelesített Ingatlanbecslők Királyi Intézete) szervezetnek is.

Matthias Fiedler

Korschenbroich, den 2016. 10. 31.

www.matthiasfiedler.net

1. Az innovatív ingatlankeresés ötlete: Ingatlanügynökség könnyedén

Ingatlankeresés: A hatékony, egyszerű és professzionális ingatlanügynökség egy innovatív ingatlanportálon keresztül

Ahelyett, hogy az „ingatlant" egyeztetnék a vevővel vagy a bérlővel, az ingatlanigényt (keresési profil) egyeztetik és rendelik hozzá az ingatlanügynökök tulajdonságaihoz, amelyet az ingatlankereső portálon (alkalmazás) tárgyalhatnak meg.

2. Az ingatlantulajdonosok és az ingatlanszolgáltatók céljai

Az ingatlantulajdonos és bérbeadó szempontjából fontos, hogy ingatlanját gyorsan és a lehető legmagasabb áron értékesítse és adba adja ki.

A vevő és a potenciális bérlő szempontjából fontos, hogy igényeinek megfelelő ingatlant találjon, amelyet gyorsan és könnyen vásárolhat meg és bérelhet ki.

3. Az ingatlankeresés megvalósítása

Szabály, hogy a potenciális befektetők a kívánt területen az Internet nagy ingatlanportáljain keresnek. Itt megtalálhatja az ingatlanonkat vagy emailban elküldik az ingatlanokra mutató hivatkozást, ha létrehoztak egy rövid keresési profilt. Ezt gyakran 2-3 ingatlanportálon is elvégzik. Emiatt az eladókat gyakran e-mailben keresik meg. Ez az eladóknak lehetőséget ad arra, hogy csak a kívánt felekkel lépjenek kapcsolatba. Ezen felül az érdekelt feleket az adott régió ingatlanügynökségei keresik meg, és a keresési profil elmentésre kerül.

Az ingatlanportálók eladói magán- és üzleti eladók. Az üzleti eladók túlnyomórészt ingatlanközvetítők, ingatlanfejlesztők, kivitelezők, ingatlankereskedők és más ingatlantársaságok (ebben a szövegben az üzleti eladókra ingatlanügynökként hivatkoznak).

4. A magántulajdonos hátránya / az ingetlanügynök előnye

Egy ingatlan esetén a magánjellegű értékesítéseket nem lehet azonnal garantálni, mivel például nincs megállapodás egy örökölt ingatlan örökösei között vagy nincs végrendelet. Ezen felül különböző jogi okok is megnehezíthetik az értékesítést, mint például a lakhatási jog.

Bérelt ingatlanok esetében a magántulajdonosok lehet, hogy nem kaptak hivatalos engedélyt, például ha egy üzleti ingatlant (lakást) adnak bérbe lakásként.

Amikor egy ingatlanügynök jár el szolgáltatóként, akkor ő már általában tisztázta a korábban említett helyzeteket. Ezen felül az ingatlan összes kapcsolódó dokumentuma (alaprajz, helyszínrajz, ingatlannyilvántartási bejegyzés, hivatalos dokumentumok, stb.) is általában rendelkezésre áll. – Így az értékesítés és bérbeadás gyorsan és bonyodalmak nélkül lehetséges.

5. Ingatlankeresés

A potenciális vevő és eladó vagy bérbeadó gyors és hatékony egyeztetése érdekében általában fontos a szisztematikus és professzionális megközelítés. Ezt különböző megközelítésekkel és eljárásokkal lehet elvégezni az ingatlanügynökök és potenciális vevők megkeresésére és egyeztetésére. Más szóval, ahelyett hogy az ingatlant „kínálnák" a vevőnek vagy a bérbeadónak, az ingatlankereső portálon (alkalmazás) az ingatlanigényt (keresési profil) értékelik, és a pontos ingatlant az ingatlanügynökkel egyeztetik.

Az első lépésben a potenciális vevők egy meghatározott keresési minta szerint keresnek az ingatlankereső portálon. Ez a keresési profil körülbelül 20 tulajdonságot tartalmaz. Többek között a következő tulajdonságok fontosak a keresési profilban (nem teljes lista).

- Régió / irányítószám / város
- Objektum típusa
- Ingatlan mérete
- Lakóterület
- Vételár/bérleti díj
- Építés éve
- Emelet
- Szobák száma
- Bérlemény (igen/nem)
- Pince (igen/nem)
- Erkély/Terasz (igen/nem)
- Fűtés
- Parkoló (igen/nem)

Fontos, hogy ne szabadon adják meg a tulajdonságokat, hanem rákattintva vagy megnyitva a megfelelő tulajdonság (például

14

ingatlantípus) legördülő menüjét (például az ingatlantípus estén: lakás, családi ház, raktár, iroda, ...).

Az érintett felek opcionálisan további keresési profilokat hozhatnak létre. A keresési profilt meg is lehet változtatni.

Ezen felül az érintett felek az összes elérhetőségi adatot megadják a mezőkben. Ezek a név, a vezetéknév, az utca, a házszám, az irányítószám, a település neve, a telefonszán és az e-mail. Ekkor az érintett felek engedélyt adnak arra a kapcsolatfelvételre és hogy ingatlanügynökük elküldje nekik a megfelelő ingatlan adatait.

A potenciális vevők ezen felül szerződést kötnek az ingatlankereső portál működtetőjével.

A következő lépésben a keresési profilok egy alkalmazás kezelői felületen (API) érhetők el, amely a németországi „openimmo" alkalmazáshoz hasonló, és amelyek a kapcsolódnak a még nem elérhető ügynökségekhez. Figyelembe kell venni, hogy ennek a programozási felületnek, amely gyakorlatilag a végrehajtás kulcsa, gyakorlatilag minden ingatlanügynökség szoftverét támogatnia kell vagy biztosítania kell az adatátvitelt. Ennek technikailag lehetségesnek kell lennie. - Mivel már vannak használatban programozási felületek, mint például a fent említett "openimmo" és más programozási felületek, a keresési profilok átvitelének lehetségesnek kell lennie.

Az ingatlanügynökök most már összehasonlíthatják ingatlanjaikat a keresési profilokkal. Ebből a célból az ingatlanokat integrálták az ingatlankereső portálba, és a megfelelő tulajdonságokat egyeztették és összekapcsolták. Az egyeztetést követően megkapják az egyezés megfelelő százalékát. - Például az 50% egyezésnél megjelennek a keresési profilok az ingatlanügynök szoftverében.

Az egyes tulajdonságokat súlyozzák (pontozásos rendszerrel) egymáshoz képest, így a tulajdonságok egyeztetését követően megkapják az egyezési százalékot (az egyezés valószínűségét). - Például az „ingatlan típusa" tulajdonság nagyobb súllyal bír, mint a „lakóterület". Ezen felül különböző tulajdonságok is kiválaszthatók az ingatlanhoz, mint például a pince megléte.

A keresés tulajdonságainak egyeztetése közben ügyelni kell arra, hogy az ingatlanügynök csak a kívánt (bejegyzett) régiójához kapjon hozzáférést. Ez csökkenti az adategyeztetési igényt.

Különösen azért, mert az egyes ingatlanügynökök gyakran csak regionálisan tevékenykednek. - Figyelembe kell venni, hogy az úgy nevezett „felhő" ma már nagy mennyiségű adat tárolását és feldolgozását teszi lehetővé.

A professzionális ingatlanközvetítés lehetővé tételéhez csak az ingatlanügynökök férhetnek hozzá a keresési profilokhoz.

Ebből a célból az ingatlanügynökök szerződést kötnek az ingatlankereső portál üzemeltetőjével. Az adott egyeztetést követően az ingatlanügynök felveheti a kapcsolatot az érdeklődővel, illetve a befektetők felvehetik a kapcsolatot az ingatlanügynökkel. Ez azt is jelenti, hogy ha az ingatlanügynök elküldött egy igénylést az érdeklődőnek, akkor az ingatlanközvetítő tevékenységének bizonyítéka megjelenik, és ez alapján, a bérlet vagy eladás létrejötte esetén követelheti a közvetítői jutalékát.

Ennek az a feltétele, hogy az ingatlanközvetítőt megbízta a tulajdonos (eladó vagy bérbeadó) az ingatlan ügyintézésére vagy engedélye van felkínálni az ingatlant.

6. Alkalmazási területek

Az itt leírt ingatlankeresés a magán- és üzleti ingatlanok területén alkalmazható az ingatlanok vásárlására és bérlésére. A kereskedelmi célokhoz további ingatlanfunkciók szükségesek.

Az érdeklődők oldaláról, az általános gyakorlatnak megfelelően, egy ingatlanügynök eljárhat például a vevő nevében is.

Földrajzi vonatkozását tekintve az ingatlankereső portál szinte bármelyik országra átvihető.

7. Előnyök

Ez az ingatlankeresés kiváló előnyöket biztosít az érdeklődőknek, például ha a saját régiójukban (lakhelyükön) keresnek ingatlanokat vagy egy másik városban vagy régióban kapnak új munkahelyet. Csak egyszer kell megadnia keresési profilját és megkapja a megfelelő ingatlanokat a kívánt régióban dolgozó ingatlanügynöktől.

Az ingatlanközvetítőknek ez remek előnyöket biztosít a hatékonyság, illetve az eladás és időmegtakarítás vonatkozásában. Azonnal áttekintést kap a tényleges érdeklődőkről és a nekik adható megfelelő ajánlatokról. Az ingatlanügynökségek ezen felül közvetlenül elérhetik a célcsoportot, akik egy keresési profil létrehozásával tényleges elvárásokat fogalmaztak meg az áhított ingatlanjaikról, és elküldheti nekik az ingatlanajánlatot.

Ez megnöveli a nyilvántartott kapcsolatok minőségét, mivel megtudható, hogy kik mit keresnek. Ez lecsökkenti az ezt követő helyszíni bemutatók számát. - Ez lecsökkenti a közvetített ingatlan teljes marktingjének időtartamát.

Az érdeklődőknek közvetíteni kívánt ingatlan bemutatását követően történik a megszokott módon a vételi vagy bérleti szerződés megkötése.

8. (Potenciál) – csak önálló lakások és házak (albérletbe adott lakások és házak, illetve üzleti ingatlanok nélkül)

A következő példa mutatja az ingatlankereső portál lehetséges potenciálját.

Egy 250 000 lakosú vonzáskörzetben, mint például Mönchengladbach városa, statisztikailag kerekítve 125 000 háztartás található (háztartásonként 2 lakóval). Az átlagos relokációs arány 10%. Így évente 12 500 háztartás költözik. - Nem vettük figyelembe Mönchengladbach be- és kiköltözési arányát. - Körülbelül 10 000 háztartás (80%) keres albérletet és körülbelül 2 500 háztartás (20%) kíván vásárolni.

Mönchengladbach szakértői bizottságának ingatlanjelentése szerint 2012-ben 2 613 ingatlant vásároltak meg. - Ez megfelel a fenti 2 500-as vevőszámnak. Többen lesznek, mivel nem

23

mindenki találja meg az ingatlanját. A becslések szerint a tényleges érdeklődők vagy keresési profilok száma kétszer ennyi lesz, mivel a 10% átlagos relokációs arány 25 000 keresési profilnak felel meg. Ez tartalmazza többek között azt is, hogy az érdeklődők az ingatlankereső portálon több keresési profilt hoznak létre.

Érdemes megemlíteni, hogy a tapasztalatoknak megfelelően a vevőknek (albérlők és vevők) körülbelül fele találta meg ingatlanját ingatlanközvetítőn keresztül, amikor összes 6 250 háztartásnak felel meg.

A háztartásoknak legalább 70% keresett ingatlant az Interneten, ami összesen 8 750 háztartást jelent (a 17 500 keresési profil alapján).

Ha egy Mönchengladbach hasonló város összes érintett felének 30%, 3 750 háztartás (ami 7 500 keresési profilnak felel meg) hoz létre keresési az

24

ingatlankereső portálon (alkalmazásban), akkor az ingatlanügynökök évente 1 500 (20%) tényleges keresési profilt közvetítenek ki és 6000 tényleges keresési profilt (80%) ajánlanak a bérlemény iránt érdeklődőknek.

Ez azt jelenti, hogy átlagos 10 hónapos keresési periódussal és az érdeklődők által létrehozott egyes keresési profilok esetén havi €50 díjjal számolva, egy 250 000 lakosú városban a 7 500 keresési profil évi 3 750 000 euró bevételt jelent.

A Német Szövetségi Köztársaság kerekítve 80 000 000 (80 millió) lakosával számolva az éves potenciál 1 200 000 000 (1,2 milliárd) euro. – Ha az érdeklődők 30% helyett 40% keresné a kívánt ingatlant az ingatlankereső portálon, akkor a potenciális értékesítési mennyiség évente 1 600 000 000 (1,6 milliárd) euró lenne.

Ez a bevételi potenciál kizárólag az önálló lakásokra és házakra vonatkozik. A magánlakások szektorának bevételi és nyereségi mutatói, illetve az üzleti ingatlanok szektora nem szerepel ebben a potenciálszámításban.

Németország körülbelül 50 000 ingatlanközvetítő vállalata esetében (beleértve az érintett építőipari cégeket, ingatlankereskedőket és más ingatlanvállalatokat is), amelyeknek közel 200 000 alkalmazottja van, ha ennek az 50 000 vállalatnak a 20% használja az ingatlankereső portált átlagosan keető darab, 300 € éves díjú licenccel, akkor a potenciális bevétel évi 72 000 000 (72 millió) euró. Ezen felül regionálisan rögzítik a keresési profilokat, így ott is jelentős bevételt lehet elérni.

Az ingatlanügynököknek nem kell frissíteniük az érdeklődőkről vezetett saját adatbázisukat (ha van ilyen) az érdeklődői keresési profilok óriási potenciálja miatt. Elsősorban azért, mert a jelenlegi keresési profiloknak ez az óriási száma valószínűleg meghaladja a legtöbb ingatlanügynök saját adatbázisának nagyságát.

Ezt az innovatív ingatlankerső portált több országban is használják, például a németországi érdeklődők létrehozhatnak egy keresési profilt a mediterrán Mallorca (Spanyolország) nyaralóira, és a Mallorcához kötödő ingatlanügynökségek bemutathatják a megfelelő ingatlant az érdeklődőknek. - Ha a leírásokat spanyolul készítették el, akkor az érdeklődők Internetes fordítóalkalmazásokkal ma már németre is lefordíthatják a szöveget.

Hogy egyeztetni lehessen a keresési profilokat a közvetített ingatlannal, az egyezési tulajdonságokat a nbyelvtúl független beprogramozott (matematikai) tulajdonságok alapján lehet egyeztetni az ingatlankereső portálon belül.

Az ingatlankereső portált az összes kontinensen használva a fent említett értékesítési potenciál (kizárólag keresések) az alábbi nagyon egyszerű számítással kapható meg.

Globális populáció:

7 500 000 000 (7,5 milliárd) ember

1. Népesség az iparosodott és leginkább iparosodott országokban:

   2 000 000 000 (2,0 milliárd) ember

2. Népesség a feltörekvő piacokon:

   4 000 000 000 (4,0 milliárd) ember

3. Népesség a fejlődő országokban:

   1 500 000 000 (1,5 milliárd) ember

A Német Szövetségi Köztársaság 80 millió lakosára számolt 1,2 milliárd eurós bevételét alapul véve az iparosodott, feltörekvő és fejlődő országok potenciális bevétele:

1. Iparosodott országok: 1,0

2. Feltörekvő országok: 0,4

3. Fejlődő országok: 0,1

Ez az alábbi éves értékesítési potenciálon alapul (€ 1,2 milliárd x népesség (iparosodott, feltörekvő és fejlődő) / 80 millió lakos x tényező).

1. Iparosodott országok: 30,00 Mrd. €

2. Feltörekvő országok: 24,00 Mrd. €

3. Fejlődő országok: 2,25 Mrd. €

Összesen: 56,25 Mrd. €

9. Összefoglalás

Ez az ingatlankereső portál jelentős előnyt biztosít az ingatlantulajdonosoknak (érdeklődőknek) és az ingatlanközvetítőknek.

1. Az érdeklődők jelentősen lecsökkenthetik a szempontoknak megfelelő ingatlanok keresésére fordított időt, illetve az érdeklődőknek csak egyszer kell létrehozniuk a keresési profiljukat.

2. Az ingatlanközvetítők általános rálátást kapnak azoknak az érdeklődőknek a számára, akik már megfogalmaztak egy igényt (keresési profilt).

3. Az érdeklőkők csak a kívánt vagy a megfelelő ingatlant kapják meg (a keresési profil alapján) az összes ingatlanközvetítő ajánlatából (szinte teljesen automatikusan előválasztás).

4. Az ingatlanközvetítők lecsökkentik a saját keresési profiljaik fenntartására fordított időt, mivel mindig nagyon nagy számú aktuális keresési profil érhető el.

5. Mivel csak az üzleti szolgáltatók és ingatlanközvetítők kapcsolódnak az ingatlankereső portálhoz, így az érdeklődőknek professzionális és általában tapasztalt ingatlanközvetítőkkel kell kapcsolatba lépniük.

6. Az ingatlanközvetítők lecsökkentik a látogatások számát és az értékesítés időtartamát. Viszont lecsökken a látogatási időpontok száma és a bérleti vagy eladási szerződés megkötéséhez szükséges idő.

7. Az eladó és bérbeadó ingatlanok tulajdonosai is időt takarítanak meg. Ezen felül üzleti előnyt jelent a bérbeadandó ingatlanok alacsonyabb kihasználatlansági

aránya, illetve eladás esetén a korábbi
fizetés.

**Ennek az ötletnek egy ingatlankereső portál
formájában történő megvalósításával jelentős
előnyt lehet elérni az ingatlanközvetítés
területén.**

10. Az ingatlankereső portál integrációjaegy ingatlanbecslést tartalmazó újingatlanértékesítő szoftverbe

Összefoglalásként elmondható, hogy az itt leírt ingatlankereső portálnak egy új, globális kiterjedésű ügynökségi szoftver alapvető elemének kell lennie. Ez azt jelenti, hogy az ingatlanügynökök az ingatlankereső portált a saját ügynökségi szoftverük mellett használhatják, vagy az új ingatlankereső portál lehet az ögynökségi szoftverük.

A hatékony és innovatív ingatlankereső portálnak a saját ingatlanügynökségi szoftverébe történő integrálásával egy fontos valós idejű szolgáltatás érnek el, amely alapvető fontosságú lehet a piaci elérés szempontjából.

Mivel az ingatlanok értékbecslése az ingatlankezelés fontos része marad, így az értékbecslő alkalmazást integrálni kell az ingatlanközvetítő szoftverbe. Az ingatlan értékbecslő szoftver elérheti a megfelelő adatokat és paramétereket az ügynökségek által a hivatkozásokon keresztül megadott vagy létrehozott tulajdonságokból. Szükség esetén az ingatlanközvetítő kiegészítheti a hiányzó regionális paraméterekkel a saját regionális piacának ismeretében.

Az ingatlanközvetítő szoftvernek ezen felül képesnek kell lennie integrálnia a közvetíteni kívánt ingatlannak az úgy nevezett virtuális tulajdonságait is. Ezt lehet például egyszerűsített módon is alkalmazni, amelyben egy további mobiltelefonos vagy tabletes alkalmazást fejlesztenek ki, amelybe integrálják a virtuális ingatlanközvetítő alkalmazást.

Ha ezt a hatékony és innovatív ingatlankereső alkalmazást egy új ingatlankereső és ingatlan értékbecslő alkalmazásba integrálják, akkor az értékesítési potenciál még tovább növekszik.

Matthias Fiedler

Korschenbroich, 2016. 10. 31.

Matthias Fiedler

Erika-von-Brockdorff-Str. 19

41352 Korschenbroich

Deutschland

www.matthiasfiedler.net

www.ingramcontent.com/pod-product-compliance
Lightning Source LLC
Chambersburg PA
CBHW071529210326
41597CB00018B/2933